ALICIA'S AMAZING TRIP TO
PUERTO RICO

El INCREIBLE VIAJE DE ALICIA A
PUERTO RICO

by
Walter Blair

Gotham Books

30 N Gould St.
Ste. 20820, Sheridan, WY 82801
https://gothambooksinc.com/

Phone: 1 (307) 464-7800

© 2024 *Walter Blair*. All rights reserved.

No part of this book may be reproduced, stored in a retrieval system, or transmitted by any means without the written permission of the author.

Published by Gotham Books (July 11, 2024)

ISBN: 979-8-3302-8121-3 (H)
ISBN: 979-8-3302-8119-0 (P)
ISBN: 979-8-3302-8120-6 (E)

Because of the dynamic nature of the Internet, any web addresses or links contained in this book may have changed since publication and may no longer be valid.

The views expressed in this work are solely those of the author and do not necessarily reflect the views of the publisher, and the publisher hereby disclaims any responsibility for them.

Acknowledgements

First and foremost, I acknowledge God who has always been there "pulling me up by the bootstraps." He is the one who gave me the vision to allow a young first grade dual language student by the name of Sofia N. Elvira to become the illustrator of my first children's book, entitled The Most Beautiful City. Also, her classmate, Brady W. Dunnett was instrumental as the Color Designer in enhancing the color feature design of Alicia as she flew to this awesome city with streets of gold.

In my second children's book, I want to personally thank my wife, Margarita who brought back the cultural artifacts of the Puerto Rican flag, the coqui frog, and a picture of The Moor, which had helped me to visualize creating a vibrant and an "eye catching" front cover design for my second children's book that I have entitled, "Alicia's Amazing Trip to Puerto Rico." It is my first bilingual (English / Spanish) book that is a sequel to the former "The Most Beautiful City."

Last but not least, I would be remiss if I did not mention my parents, Bennie and Elvira Blair. They have always encouraged and motivated me to strive for excellence in whatever I do in life. My mom is my Number One fan of the books that I have written.

Agradecimientos

Primero y más importante, reconozco a Dios que siempre ha estado allí "tirándome hacia arriba con las manos en la masa". Él es quien me dio la visión de permitirle a una joven estudiante de primer grado de lenguaje dual llamada Sofía N. Elvira. Se convirtió en ilustradora de mi primer libro infantil, titulado La Ciudad Más Bella. Además, su compañero de clase, Brady W. Dunnett, jugó un papel decisivo como diseñador de color para mejorar las características de color de Alicia mientras volaba a esta increíble ciudad con calles doradas.

En mi segundo libro para niños, quiero agradecer personalmente a mi esposa, Margarita, quien trajo los artefactos culturales de la Bandera Puertorriqueña, el coquí, y un dibujo del Moro lo que me ayudó a visualizar la creación de un diseño de portada vibrante y "llamativo" para mi segundo libro infantil que he titulado "El Increíble Viaje de Alicia a Puerto Rico". Es mi primer libro bilingüe (inglés/español) que es una secuela de La ciudad más bella.

Por último, pero no menos importante, sería negligente si no mencionara a mis padres, Bennie y Elvira Blair. Siempre me han animado y motivado a esforzarme por alcanzar la excelencia en todo lo que hago en la vida. Mi mamá es mi fan de Numero Uno de los libros que he escrito.

Dedication

To my lovely wife Marge, who helped me fulfill a life-long goal, desire, and dream to travel to Puerto Rico. I must admit that she did something spectacular to make the world a better place for the both of us. I thank God for sending me a help-mate who is compassionate, caring, beautiful, and thoughtful. She reminds me of the fictional character, Miss Runfio, who planted seeds of love, joy, faith, and hope everywhere she traveled. On our next trip to Puerto Rico, I am fully persuaded not to have Alicia dream about traveling to The Most Beautiful City.

Dedicación

A mi encantadora esposa Marge, quien me ayudó a cumplir una meta, deseo y sueño de toda la vida de viajar a Puerto Rico. Debo admitir que hizo algo espectacular para hacer del mundo un lugar mejor para los dos. Doy gracias a Dios por enviarme una compañera que es compasiva, cariñosa, hermosa y considerada. Me recuerda al personaje de ficción, Señorita Runfio, quien plantó semillas de amor, alegría, fe y esperanza en todos los lugares por los que viajó. En nuestro próximo viaje a Puerto Rico, estoy plenamente persuadido de que Alicia no sueñe con viajar a la Ciudad Más Bella.

TABLE OF CONTENTS
Tabla de Contenido

Introduction - Introducción 1

Chapter 1 - Capítulo 1 : Mrs. Gonzalez - Estimada Señora González 5

Chapter 2 - Capítulo 2 : Dear Mrs. Cruz - Estimada Señora Cruz 9

Chapter 3 - Capítulo 3 : Dear Mr. Anderson - Estimado Señor Anderson 23

Chapter 4 - Capítulo 4 : Dear Readers - Estimados Lectores 35

Chapter 5 - Capítulo 5 : Dear Justin - Querido Justin 53

Chapter 6 - Capítulo 6 : Dear Mr. Blair - Querido Señor Blair 57

Chapter 7 - Capítulo 7 : Dear Mom - Querida Mamá 71

Chapter 8 - Capítulo 8 : Dear Friends - Queridos Amigos 79

About the Book - Acerca del libro 83

About the Author - Acerca del Autor 92

Introduction

After having the best school year ever at Sanchez Elementary School, Alicia graduates with high honors from her dual language class. Mr. Blair assigns her to junior high Room 304, where she meets her new 6th grade teacher named Mr. Caruso, who is endorsed to teach science. Also, he is a bilingual educator, who loves teaching about astronomy, physics, and natural and physical sciences. Alicia's class consists of a diversity of kids from international countries around the world.

During that hot and humid summer of 2023, just before passing on to the 6th grade, Alicia asked her mamita another profound question: Where are we going to spend our summer vacation this year? Well, Alicia, why don't we take that long-awaited trip to Puerto Rico. Alicia simply smiled, chuckled, and shrugged and replied, "Yes, of course, mommy." Let's take a plane or voyage to "The Enchanted Island." Who told you about the other name for Puerto Rico said, Miss Runfio. Alicia briefly hesitated and replied, "I'd just Googled it!"

That summer Alicia and Miss Runfio decided to take a one-way flight from New York La Guardia Airport on July 5th. They boarded American Airline Flight 129 en route to Puerto Rico. This would be a long 4.5-hour, 2,500-mile flight across many southern states. Alicia was so excited that she asked her mamita, "Where is Puerto Rico located?" Her mommy explained to her sweetly that we would continue to cruise our way between the Atlantic Ocean and the Caribbean Sea, until we reached Puerto Rico. What a long and exciting trip! Alicia asked her mamita the million-dollar question: "Are we going to see the beautiful flamboyant trees that bloom in early July?" Of course, my love.

Alicia asked her mom, "What about the awesome chirping sound of the Coqui frog?" Oh, yeah, mamita! Our first stop on this fantastic voyage will be Old San Juan, which is the capital and major place for entertainment and tourism. On her long-awaited trip to Puerto Rico, Alicia keeps a Daily Interactive Journal of all the interesting sights and sounds associated with this beautiful and gorgeous island. She will spend a whole week investigating and researching the "Melting Pot" of beautiful environments of flowers, trees, plants, insects, fruits, animals, and of course the language and culture, topography, and history of Puerto Rico from (July 5th-13, 2023).

    The translation of the name for Puerto Rico from Spanish to English means Rich Port. Puerto Rico is one of the many islands in the Caribbean Sea. Its overall size measures 100 miles across in width and 35 miles in length.

Introducción

Después de tener el mejor año escolar en la Escuela Primaria Sánchez, Alicia se gradúa con altos honores de su clase de lenguaje dual. El Sr. Blair la asigna al salón 304 de la secundaria, donde conoce a su nuevo maestro de sexto grado llamado el Sr. Caruso, quien está capacitado para enseñar ciencias. Además, es un educador bilingüe que ama enseñar sobre astronomía, física y ciencias naturales y físicas. La clase de Alicia consta de una diversidad de niños de diferentes países internacionales.

Durante ese verano caluroso y húmedo de 2023, justo antes de pasar al sexto grado, Alicia le preguntó a su mamita otra pregunta profunda: ¿Dónde vamos a pasar nuestras vacaciones de verano este año? Bueno, Alicia, ¿Por qué? no tomamos ese tan esperado viaje a Puerto Rico? Alicia simplemente sonrió, rió y encogió los hombros y respondió: "¡Sí, por supuesto, mami!", Vamos a tomar un avión o un viaje a "La Isla del Encanto". ¿Quién te dijo el otro nombre de Puerto Rico? dijo la Sra. Runfio. Alicia dudó brevemente y respondió: "¡Acabo de buscarlo en Google!"

Ese verano, Alicia y la Sra. Runfio decidieron tomar un vuelo de ida desde el Aeropuerto La Guardia de Nueva York el 5 de julio. Abordaron el Vuelo 129 de American Airlines rumbo a Puerto Rico. Este sería un largo vuelo de 4.5 horas y 2,500 millas a través de muchos estados del sur. Alicia estaba tan emocionada que le preguntó a su mamita: "¿Dónde está ubicado Puerto Rico?" Su mamá le explicó dulcemente que continuaríamos cruzando nuestro camino entre el Océano Atlántico y el Mar Caribe, hasta que llegáramos a Puerto Rico. ¡Qué viaje largo y emocionante! Alicia le hizo a su mamita la pregunta del millón de dólares: "¿Vamos a ver los hermosos árboles flamboyanes que florecen a principios de julio?" ¡Por supuesto, mi amor!

Alicia le preguntó a su mamá: "¿Qué pasa con el asombroso sonido de los coquies?" ¡Oh, sí, mamita! Nuestra primera parada en este fantástico viaje será el Viejo San Juan, que es la capital y el principal lugar de entretenimiento y turismo. En su tan esperado viaje a Puerto Rico, Alicia lleva un Diario Interactivo Diario de todos los interesantes lugares y sonidos asociados con esta hermosa y magnífica isla. Pasará una semana entera investigando y estudiando el "Crisol" de hermosos ambientes de flores, árboles, plantas, insectos, frutas, animales y, por supuesto, el idioma y la cultura, la topografía y la historia de Puerto Rico desde el 5 al 13 de julio de 2023.

La traducción del nombre de Puerto Rico del español al inglés significa "Rich Port." Puerto Rico es una de las muchas islas en el Mar Caribe. Su tamaño total mide 100 millas de ancho y 35 millas de largo.

Chapter 1

July 5, 2023

Dear Mrs. Gonzalez (Second Grade Dual Language Teacher),

    We finally arrived to the beautiful city of San Juan, Puerto Rico at 1:00 p.m. There is no doubt an hour of time difference between New York and Puerto Rico. Hey, mom, do you know what time it is in New York City now? Of course, Alicia, it's noon in the "Big Apple." While Alicia was pondering and nodding on her 4-hour excursion, she began dreaming about The Most Beautiful City. She thought about her secret that she shared with her best friend, Justin about the passing of our beloved ones that even included pets. His answer was quite profound when he replied, "I believe that they go to a special place where people never age, get sick, or die, and that they live forever with their King in a city that never gets dark."

    Just before I could get comfortable for my afternoon nap, my mommy nudged me to wake-up just before falling deeper into my beautiful dream. We had finally approached our destination and landed safely in San Juan.

    Upon leaving San Juan's Airport, she could not believe her own eyes when she saw beautiful palm and flamboyant trees along the Autopista (major highway) leaving from the airport. These were bellísimos árboles (beautiful trees) that adorned the capital like creamy strawberries on a delicious wedding cake. Next, Mamita and I took a shuttle bus that drop us off at Priceless Rental Cars. The prices there were ridiculous! We waited impatiently in line for about almost two hours due to insufficient workers and spiteful procrastination on the other hand.

    The rental agent tacked on too many hidden fees such as road construction and toll fees in the amount of $50.00 for the many tolls that we had to pass through on route to Arecibo in Bayamon, which were located approximately 50 miles from San Juan. Mamita drove us to our temporary residence that was an Air Bed and Breakfast located at 119 Calle 2. There we met a nice old lady named Olga, who spoke Spanish that was quite different from what I had been taught in school, however, I could still understand and respond to her on a child's level of proficiency.

    Later on that day, we drove in our Nissan to an elegant restaurant in the suburbs. The name of this diner was called Güira, and I ordered a delicious plate of salmon filet with salad, rice, and beans. My mom ordered a plate of boneless strips of pork with also rice and beans. She asked me if I wanted to order my delicious drink called horchata, but I declined and ordered a caramelized drink called parcha (passion fruit). It was so awesomely refreshing that I ordered it again. We went home that evening and slept like babies in our two-bedroom apartment.

Capítulo 1

5 de julio de 2023

Estimada Sra. González (Maestra de Segundo Grado de Lenguaje Dual),

Finalmente llegamos a la hermosa Ciudad de San Juan, Puerto Rico, a la 1:00 p.m. No hay duda de que hay una hora de diferencia entre Nueva York y Puerto Rico. Oye, mamá, ¿Sabes qué hora es en la Ciudad de Nueva York ahora? Por supuesto, Alicia, es mediodía en la "Gran Manzana". Mientras Alicia reflexionaba y asentía durante su excursión de 4 horas, comenzó a soñar con La Ciudad Más Hermosa. Pensó en su secreto que compartió con su mejor amigo, Justin, sobre el fallecimiento de nuestros seres queridos, que incluso incluía mascotas. Su respuesta fue bastante profunda cuando respondió: "Creo que van a un lugar especial donde las personas nunca envejecen, se enferman o mueren, y que viven para siempre con su Rey en una ciudad que nunca se oscurece".

Justo antes de que pudiera acomodarme para mi siesta de la tarde, mi mamá me dio un toque para despertarme justo antes de caer más profundamente en mi hermoso sueño. Finalmente habíamos llegado a nuestro destino y aterrizamos con seguridad en San Juan.

Al salir del Aeropuerto de San Juan, no podía creer lo que veían mis propios ojos cuando vi hermosas palmeras y flamboyanes a lo largo de la Autopista que sale del aeropuerto. Estos eran árboles bellísimos que adornaban la capital como fresas cremosas en una deliciosa tarta de bodas. Luego, mamita y yo tomamos un autobús lanzadera que nos dejó en Priceless Rental Cars. ¡Los precios allí eran ridículos! Esperamos impacientes en la fila durante casi dos horas debido a la falta de trabajadores y la dilación malintencionada, por otro lado.

El agente de alquiler agregó demasiadas tarifas ocultas, como tarifas de construcción de carreteras y peajes por un monto de $50.00 por los numerosos peajes que tuvimos que pasar en ruta a Arecibo en Bayamón, que estaban ubicados aproximadamente a 50 millas de San Juan. Mamita nos llevó a nuestra residencia temporal que era nuestro RB&B ubicado en la Calle 2, número 119. Allí conocimos a una simpática anciana llamada Olga que hablaba un español bastante diferente al que me habían enseñado en la escuela, sin embargo, todavía podía entenderla y responderle a nivel infantil.

Más tarde ese día, conducimos en nuestro Nissan a un elegante restaurante en las afueras. El nombre de este restaurante era Güira, y pedí un delicioso plato de filete de salmón con ensalada y arroz con habichuelas. Mi mamá ordenó un plato de carnitas con ... Ella me preguntó si quería pedir mi deliciosa bebida llamada horchata, pero decliné y pedí una bebida caramelizada llamada parcha (maracuyá). Fue tan increíblemente refrescante que la pedí de nuevo. Regresamos a casa esa noche y dormimos como bebés en nuestro apartamento de dos habitaciones.

Chapter 2

July 6, 2023

Dear Miss Cruz,

How are you doing? I hope that all is good. I remembered in a conversation that you told me that you are from Puerto Rico. I believe that you told me that you were born in Old San Juan. Well, guess what? My mom and I are now here in La Isla Del Encanto. I am celebrating my birthday, while on summer vacation. I will bring you a souvenir when I return. ¡Adiós, mi maestra!

My mom and I woke-up early and gathered all the necessities such as snacks, cold water, an orange towel, iPad, charged phones, and comfortable attire for our long two-hour trip to Ponce located 50 miles due south from Arecibo. That night before the trip, we both had a very hard time falling asleep, because we could hear the coqui frogs making flirtatious sounds as though they were having a conversation with their neighbors.

Olga indicated that it was perhaps a season for mating. She continued to explain the legend of the coqui by saying "You see Alicia, the louder the male frogs scream "coqui, coqui, coqui," the more they attract their mates." These repeated mating sounds could last the entire night, while we were trying to get a good night sleep. Alicia responded by asking Olga the question, "When do the people of Puerto Rico really get a good night sleep during the night? "Well, mi princesita, it becomes a part of their culture and customary way of living for Puerto Ricans that live on the island. While my mom drove, I couldn't help but notice how the flamboyant and palm trees draped so lovely over the edge of the country roads on our way to Ponce. Can you just imagine seeing spiral roads swirling around like a roller coaster up and down the steep hills and valleys? Well, let me tell you that the roads were so narrow that it would have been easier for a "camel to pass through the eye of a needle." What a very dangerous and exhausting trip that took 20 miles to swerve around the big trucks, ambulances, school buses, and rather large SUVs that all tried to maneuver their vehicles on a rather narrow, one lane, dingy road.

Our trip was all worth the pain, frustration, and struggle when we arrived in Ponce for its most famous and historical attraction called Parque De Bombas 1863. This monument represents a great exhibition fair started by the first original group of firemen in Ponce in 1862. Our tour guide is named Israel Munoz and he speaks a lot in Spanish about the history and great legacy left behind for these men who were heroic firefighters.

It was starting to get late and became very dark in Ponce, so Miss Runfio told Alicia that it was a good idea to return back to the R&B before it got dark. Also, she reminded her daughter about the fact that in Puerto Rico, there are no street lamps to illuminate the dark, spooky, roads that awaited us on our way back to Old San Juan. The only way to see the roads would come from our vehicle's headlights that seem to not have even bright lights. Alicia agreed with her mamita by saying, "It is better to be safe than sorry!" "Mom, let's get rolling out of here!"

On the early evening of July 6th, we began our journey back to the barrio of Ponce. I thank and praise God who protected us against the dangers seen and unseen through the hazardous roads that swirled around and around for at least 20 miles on the dangerous mountain up north to Ponce. We finally arrived at our destination and Olga and her son, Hector greeted us in Spanish. Olga informed us that she has been an evangelist working in the Church for the Lord for 34 years.

It was interesting to know that she attends Church at least 3 or 4 times a week. Miss Runfio added to the conversation that she had spent many years in the Church with Alicia's parents a long time ago, but not so long. Also, she explained the lovely trip to Ponce and she never forgot the famous proverb that she learned from her grandfather who took her on many voyages around the world. He would always remind her by uttering these words. ("You have to do something to make the world better and more beautiful.")

Alicia's Amazing Trip To Puerto Rico

Hector was so nice and genial to us that evening that he informed us about an awesome restaurant in the area that sold his mom's favorite Spanish food called alcapurrias and the delicious frozen drinks referred to as maracuyá. That evening, Hector surprised us and brought us over some refreshments. These drinks reminded me of snowballs, but were frozen passion fruits made from coconut and mango fruits. Now, my mom and I are really ready to do something to make the world better and more beautiful by embarking on our long-awaited trip to Old San Juan. Upon returning to the capital, I was nervous, but yet so excited. I knew Miss Runfio was an excellent driver, and we would arrive at our destination in less dangerous conditions, because the roads were less steep traveling east to the capital, where we would visit the historic site called El Moro. Today, I am blessed to celebrate my birthday with my mommy who loves me and takes good care of me. She wanted to surprise me with this special trip. We would pass through the towns of Guayama, El Viejo San Juan, Arecibo, and Mayagüez. I asked my mom to share some important facts about the history and culture of Puerto Rico since she had traveled here many times as a little girl with her grandfather. Of course, Miss Runfio took a deep breath and said, "Once upon a time, Alicia, but not so long ago...

When we finally arrived in Old San Juan Puerto Rico, there was so much congestion with tourists walking to and from, up and down the old narrow, busy, cobblestone streets and sidewalks. It was as though the whole town was anxious to see El Moro, which was located on the very top of a sliding mountaintop. The tourists love the hustle and bustle, coupled with the extreme 100-degree heat with the wind blowing off the Caribbean Sea that caused hysteria throughout the city. Parking was almost impossible as in-coming tourists searched hysterically for parking on the rather narrow, steep, cobble stoned streets.

We finally found parking in a garage located near Banco Popular. In order to get to Old San Juan at the beginning of the trip, we had to travel from Arrecibo east to San Juan west on Route 22. Of course, we made many stops to eat and use the baño (bathroom). I really enjoyed the delicious ice flavored drinks known as frappé, coco frio, and mojito. Of course, my favorite thirst-quenching drink was parcha.

Alicia's Amazing Trip To Puerto Rico

Every restaurant that we stopped in had on the menu rice with beans, which was the most common side dish for lunch and dinner. My mom's favorite meat dishes are pork chops, ham, alcapurrias, savory steak, and chicken. I ate chicken breast, french fries, salmon, and shrimp. After we finished eating the server or waiter would always respond by saying (Enjoy your meal, bon appétit). A polite response for anyone to say would be to say "thank you" or likewise. Of course, when I stayed in Mexico for two-weeks, I would always say "A full stomach makes a happy heart" after eating supper.

Capitulo 2

6 de julio de 2023

Estimada Señorita Cruz,

¿Cómo estás? Espero que todo esté bien. Recuerdo en una conversación que me dijiste que eres de Puerto Rico. Creo que me dijiste que naciste en el Viejo San Juan. ¡Pues, adivina qué! Mi mamá y yo estamos aquí en La Isla Del Encanto. Estoy celebrando mi cumpleaños mientras estamos de vacaciones de verano. Te traeré un recuerdo cuando regrese. ¡Adiós, mi maestra!

Mi mamá y yo nos levantamos temprano y reunimos todas las necesidades como bocadillos, agua fría, una toalla naranja, iPad, teléfonos cargados y ropa cómoda para nuestro largo viaje de dos horas a Ponce, ubicado a 50 millas al sur de Arecibo. Esa noche antes del viaje, ambos tuvimos problemas para conciliar el sueño, porque podíamos escuchar al coquí haciendo sonidos coquetos como si estuvieran teniendo una conversación con sus vecinos.

Olga indicó que tal vez era época de apareamiento. Continuó explicando la leyenda del coquí diciendo: "Ves, Alicia, cuanto más fuerte grita el macho coquí, coquí, coquí, más atrae a su pareja". Este sonido de apareamiento podría durar toda la noche, mientras intentamos dormir bien. Alicia respondió preguntándole: "¿Cuándo duermen realmente bien las personas de Puerto Rico durante la noche?" Bueno, mi princesita, se convierte en parte de su cultura y forma habitual de vida para los puertorriqueños que viven en la isla. Mientras mi mamá conducía, no pude dejar de notar cómo los flamboyanes y las palmeras se extendían maravillosamente sobre los bordes de las carreteras de país en nuestro camino a Ponce. ¿Puedes imaginar carreteras en espiral girando como una montaña rusa arriba y abajo de las empinadas colinas y valles? Bueno, déjame decirte que las carreteras eran tan estrechas que hubiera sido más fácil para un "camello pasar por el ojo de una aguja". Qué viaje tan peligroso y agotador que tomó 20 millas para virar bruscamente entre los camiones grandes, ambulancias, autobuses escolares y SUV bastante grandes que intentaban maniobrar sus vehículos en una carretera estrecha de un solo carril.

Nuestro viaje valió la pena todo el dolor, la frustración y la lucha cuando llegamos a Ponce para su atracción más famosa e histórica llamada Parque De Bombas 1863. Este monumento representa una gran exposición comenzada por el primer grupo original de bomberos en Ponce en 1862. Nuestro guía turístico se llamaba Israel Muñoz y hablaba mucho español sobre la historia y el gran legado dejado por estos hombres que fueron bomberos heroicos.

Empezaba a oscurecerse en Ponce, así que la Señorita Runfio le dijo a Alicia que era una buena idea regresar al RB&B antes de que oscureciera. Además, le recordó a su hija sobre el hecho de que en Puerto Rico no hay farolas para iluminar las oscuras y espeluznantes carreteras que nos esperaban de regreso a Ponce. La única manera de ver las carreteras sería a través de los faros de nuestro vehículo que parecían no tener luces muy brillantes. Alicia estuvo de acuerdo con su mamita diciendo: "Es mejor prevenir que lamenter." ¡Vamos a salir de aquí!"

En la tarde temprana del 6 de julio, comenzamos nuestro viaje de regreso al barrio de Ponce. Agradezcamos y alabemos a Dios que nos protegió contra los peligros vistos e invisibles a través de las peligrosas carreteras que giraban una y otra vez durante al menos 20 millas en nuestro camino hacia el norte a Ponce. Finalmente llegamos a nuestro destino y Olga y su hijo, Héctor, nos recibieron en español. Olga nos informó que ha sido evangelista trabajando en la Iglesia para el Señor durante 34 años.

Fue interesante saber que ella asiste a la Iglesia al menos 3 o 4 veces por semana. La Señorita Runfio agregó a la conversación que había pasado muchos años en la Iglesia con los padres de Alicia hace mucho tiempo, pero no tanto. También explicó el encantador viaje a Ponce y nunca olvidó el famoso proverbio que aprendió de su abuelo que la llevaba en muchos viajes alrededor del mundo. Siempre me recordaba pronunciando estas palabras: "Tienes que hacer algo para hacer el mundo mejor y más hermoso".

El Increíble Viaje De Alicia A Puerto Rico

    Héctor fue tan amable y genial con nosotros esa noche que nos informó sobre un restaurante increíble en la zona que vendía la comida española favorita de su mamá llamada alcapurrias y las deliciosas bebidas congeladas conocidas como maracuyá. Esa noche, Héctor nos sorprendió y nos trajo algunos refrescos. Estas bebidas me recordaron a las bolas de nieve, pero eran frutas de la pasión congeladas hechas de coco y mango.

    Ahora, mi mamá y yo estamos realmente listas para hacer algo para hacer el mundo mejor y más hermoso embarcándonos en nuestro tan esperado viaje al Viejo San Juan. Al regresar a la capital, estaba nerviosa pero muy emocionada. Sabía que la Señorita Runfio era una excelente conductora, y llegaríamos a nuestro destino en condiciones menos peligrosas, porque las carreteras eran menos empinadas viajando hacia el este hacia la capital, donde visitaríamos el sitio histórico llamado El Morro. Hoy, tengo la bendición de celebrar mi cumpleaños con mi mamá, que me ama y cuida mucho. Ella quería sorprenderme con este viaje especial. Pasaríamos por los pueblos de Guayama, el Viejo San Juan, Arecibo y Mayagüez.

    Le pedí a mi mamá que compartiera algunos datos importantes sobre la historia y la cultura de Puerto Rico, ya que había viajado aquí muchas veces cuando era niña con su abuelo. Por supuesto, la Señorita Runfio respiró profundamente y dijo: "Érase una vez, Alicia, pero no hace tanto tiempo…

Chapter 3

July 7, 2023

Dear Mr. Anderson,

    I am writing you this special letter even though you have passed away to The Most Beautiful City. I miss you dearly, and I know that you are in a very special place of eternal rest, peace, and hope. Today, I am celebrating my 12th year birthday in Old San Juan. Today, we traveled from San Juan to our new destination 119 miles east to Mayagüez to celebrate my birthday. Miss Runfio gave me a surprise celebration at the Sea Restaurant in Mayagüez. Well, let me tell you, she hired a group of Mariachi singers to come to the table to serenade "Las Mañanitas" (Spanish Birthday song) to me with special desserts of flan de Coco and cheesecake guayaba. Wow! What an unexpected blessing in disguise!

    I will always have sweet memories and never forget about how you would get my classmates' attention by shaking your maraca and by telling us "Hands on top, and we would say that means stop. Also, how could I forget your extreme generosity when you bought everyone in our classroom free iPads.

    My mom took me to the most beautiful beach in Cabo Rojo, Puerto Rico. I have never experienced the awe, mystery, and splendor of the palm and flamboyant trees, which covered the outskirts of this paradise island called La Isla Del Encanto. There I saw the lovely and extravagant flamboyant trees. Miss Runfio took many photos of me standing next to the fiery red tree that glowed and blossomed so magnificently over my head and shoulders. It was a sight to behold! I even broke off a branch off the red sparkling flowers as a safe keep reminder of my encounter with it. I had read before that the flamboyant trees are only grown in such tropical places as Puerto Rico, Cuba, and other well-known tropical places around the world.

    I saw the beautiful sea gulls that glided through the deep, dark, blue sea, and the sound of ocean waves rolling onto the sea shore was like hearing echoes from hollow caves. I used my binoculars to see children playing safely in the waters as their parents held them securely with life jackets and other inflatable objects. There was a clear, deep, blue sky on the horizon. With all this excitement and majestic view of God's creation, I felt weary so my mom sat up a hamaca and took it from one end of a flamboyant tree to the other. She swung me back and forth many times as she sang my favorite lullaby called Duérmete, Mi Niña and suddenly I fell asleep.

Capítulo 3

7 de julio de 2023

Estimado Sr. Anderson,

Te escribo esta carta especial aunque hayas pasado a La Ciudad Más Hermosa. Te extraño mucho y sé que estás en un lugar muy especial de descanso eterno, paz y esperanza. Hoy estoy celebrando mi cumpleaños número 12 en el Viejo San Juan. Hoy viajamos desde San Juan hasta nuestro nuevo destino, 119 millas al este, a Mayagüez, para celebrar mi cumpleaños. La Señorita Runfio me dio una sorpresa en el Restaurante del Mar en Mayagüez. Bueno, déjame decirte, ¡contrató a un grupo de Mariachis para venir a la mesa a cantar "Las Mañanitas" para mí con postres especiales de flan de coco y cheesecake de guayaba. ¡Wow! ¡Qué bendición inesperada!

Siempre tendré dulces recuerdos y nunca olvidaré cómo llamabas la atención de mis compañeros de clase agitando tu maraca y diciéndonos "Manos arriba, y nosotros decíamos eso significa parar. También, ¿cómo podría olvidar tu extrema generosidad cuando compraste iPads gratuitos para todos en nuestra clase?

Mi mamá me llevó a la playa más hermosa en Cabo Rojo, Puerto Rico. Nunca antes había experimentado la admiración, el misterio y el esplendor de las palmeras y flamboyanes, que cubrían las afueras de esta isla paradisiaca llamada La Isla Del Encanto. Allí vi los encantadores y extravagantes flamboyanes.

La Señorita Runfio tomó muchas fotos de mí junto al árbol rojo ardiente que brillaba y florecía tan magníficamente sobre mi cabeza y hombros. ¡Fue una vista increíble! Incluso rompí una rama de las rojas y centelleantes flores como un recordatorio seguro de mi encuentro con ella. Había leído antes que los flamboyanes solo crecen en lugares tropicales como Puerto Rico, Cuba, when y otros lugares tropicales conocidos en todo el mundo.

Vi las hermosas gaviotas que planeaban sobre el profundo, oscuro y azul mar, y el sonido de las olas del océano rodando sobre la orilla era como escuchar ecos desde cuevas huecas. Usé mis binoculares para ver a los niños jugando seguros en las aguas mientras sus padres los sostenían con chalecos salvavidas y otros objetos inflables. Había un cielo claro y azul en el horizonte. Con toda esta emoción y majestuosa vista de la creación de Dios, me sentí cansada, así que mi mamá colgó una hamaca y me balanceó de un extremo a otro de un flamboyán. Me balanceó muchas veces mientras cantaba mi canción de cuna favorita llamada "Duérmete, Mi Niña" y de repente me quedé dormida.

Chapter 4

July 8-9, 2023

Dear Readers,

Oh, my God! I dreamt the same dream when I was a student in the third grade in Mrs. Gonzalez's class. Could this be real or just another message from God? In the "twinkling of an eye" the celestial angel appeared in white apparel with wings like an eagle. I was so curious, but yet I had enough courage to go with him as he summoned me to go with him again to the Most Beautiful City. His words were soothing, sweet, and convincing as he said, "Alicia, come and follow me to the most beautiful place that you have ever seen.

We both flew away like a supersonic jet to that glorious city with pearly gates and shining streets of gold. I felt like the girl, Dorothy in the movie The Wizard of Oz, who clicked her heels as she followed the Yellow Brick Road. However, these streets were real gold. In my dream, I pondered why the city never got dark. I wondered why it was being lit day and night. I wanted to know the angel's name, so I asked him and he told me that his name was Gabriel. I am the Messenger Angel, who has been given the assignment to take you to the glorious city filled with glory and grace.

It is the everlasting city where there is joy, peace, and goodness. Also, there is an everlasting king, who loves and rules His kingdom of angelic hosts and celestial people with glory, power, and grace. Gabriel said, "Alicia, God has provided an eternal place where His people will forever praise and worship Him. They will never die of old age, nor will they ever get sick and pass away. The King will wipe away their tears of sadness and grief for those that they once knew on the earth.

Upon hearing these encouraging words, Alicia felt the courage to allow Gabriel to escort her to the Most Beautiful City, where she remembered encountering her parents for the first time when she fell asleep in the cabin near the deep, dark, blue sea while staying at Timberlee.

Alicia's Amazing Trip To Puerto Rico

Gabriel was a huge and majestic angel who Alicia trusted as he gently grabbed her hand to soared her through the Rainbow Clouds. I somehow realized that I had been given wings also, and we both flew to that awesome city. Over there, yonder in the distance, I saw the dark blue river that flowed underneath a Golden Bridge. There is a long dark blue river. It ushers water from one end of the colorful flamboyant trees to the edge of the horizon. It eventually stretches as far as a huge mountain that leads to the center of this awesome, majestic, and splendorous city.

The color of the flamboyant trees near the mountain were bright and colorful. Although I have seen only red ones, while traveling throughout Puerto Rico. These gorgeous trees seem to change colors. They are green, purple, yellow, and blue, which reminded me of the earthly lupines that blossomed in the spring. Also, I was amazed to see that all the flamboyant trees produce a wide variety of passion fruits such as mangos, tamarindos, papayas, guavas, nectarinas, and many more.

Upon entering the Golden Gate Bridge that was covered with twelve precious stones, there in the distance, I saw another vision of all kinds of celestial people and celestial hosts. There was a beautiful castle made of gold; its steeples and windows were shaped and designed like crosses from a gigantic cathedral. I heard the melodious sound of trumpets as celestial people and angelic hosts prepared to bow down to worship their King as He flew into the city on a white horse.

Alicia was awe-struck when she saw the people from many nations waiting in anticipation to behold the beauty and majesty of their king's countenance as they clapped, danced, and sang songs of praise and worship to the King of Kings, and the Lord of Lords. He wore a gold crown with twelve precious colorful stones. Also, He was dressed in white and purple apparel; his hair was wooly and white like snow, but Alicia was a little fearful, because His eyes were like a flaming furnace. Gabriel assured and consoled Alicia by telling her, "Don't be afraid of His appearance, Alicia! "Now, we can behold our king face to face in all of His glory, grace, and power.

We got closer as we flew to the brilliant light that was in the midst of The Most Beautiful City. Everyone in this glorious city had a special room to live in the enormous castle that was floating in the air. Upon entering the city, the pearly gates opened, and I jumped for joy and amazement as I flew to hug both of my parents. They greeted and hugged me. Also, in my dream I felt an overwhelming joy, peace, and comfort as my parents shared their everlasting joy and peace with their King, who will always be with them forever.

They were proud of me, because they somehow knew that I loved my mom, Miss Runfio, and I finally woke-up to find out that my mom had fallen asleep. I know that it is written in the words of King Jesus that one day He will return to earth and take away all believers. Those who have passed away, and who are now living on this earth to a special place that I have called "The Most Beautiful City."

Traveling through the rather small roads on our way back to our R&B, I noticed that small merchants would set-up their tents in order to sell such goods as fruit, sea food, pastries, fried food, and souvenirs just before the big tourist attraction events such as the Caves of Camuy, El Moro of Old San Juan, Parque De Bombas in Ponce, and the Glowing Fish near Mayagüez.

Mamita and I wanted so badly to stop on the side roads to buy the famous Coco frio. So we finally stopped on a rather rainy day and the merchant was so kind as to greet us in Spanish. Do you know that everywhere that we visited in Puerto Rico, people spoke a Spanish dialect that was much different in the United States? In fact, it was so much faster and the natives there assumed that we could speak and comprehend Spanish the same way as they did. When we returned to our R&B at night, I could hear the daytime sounds of dogs in the hot sun barking and during the night, there was lurking noisy grillos (crickets) that never stopped chirping during the night.

The next morning, I went to eat breakfast at the Buen Cafe in Hatillo Arecibo. Mamita and I could not wait to sip Coco Frio, because when we bought it. It was warm and the hombre who sold it to us used a hatchet to cut it open from the top. Here is something important to know about Puerto Rico: The power to the electricity from time would go off, and the residents who lived in the pueblos would put their washers and dryers outside on the front or back porches of their houses. Furthermore, there is little or no street lamps for night time driving. Finally, there are speed bumps in most of the neighborhoods and town that we visited. One should not depend on the GPS, because it will take you through the steep valleys and hills as a short-cut to the major pueblos throughout Puerto Rico. For instance, we could have taken the major highway to Ponce, but the GPS on our way there gave us only one route, which was for 20 miles up and down the steep valleys and hills for about 1,000 miles of elevation.

Capítulo 4

8-9 de julio de 2023

Queridos lectores,

¡Dios mío! ¡He soñado el mismo sueño que cuando era estudiante en el tercer grado en la clase de la Sra. González! ¿Podría esto ser real o simplemente otro mensaje de Dios? En un abrir y cerrar de ojos, el ángel celestial apareció vestido de blanco con alas como las de un águila. Estaba tan curiosa, pero aún así tenía suficiente valentía para seguirlo cuando me llamó para ir con él de nuevo a la Ciudad Más Hermosa. Sus palabras eran reconfortantes, dulces y convincentes cuando me dijo: "Alicia, ven y sígueme a la ciudad más hermosa que jamás hayas visto".

Ambos volamos como un jet supersónico hacia esa gloriosa ciudad con puertas de perlas y calles brillantes de oro. Me sentía como la niña Dorothy en la película El Mago de Oz, que hacía clic en sus talones mientras seguía el Camino de Ladrillos Amarillos. Sin embargo, estas calles eran de oro real. En mi sueño, me preguntaba por qué la ciudad nunca se oscurecía. ¿Cómo se iluminaba día y noche? Quería saber el nombre del ángel, así que se lo pregunté y me dijo que se llamaba Gabriel. Soy el ángel mensajero, al que se le ha dado la tarea de llevarte a la gloriosa ciudad llena de gloria y gracia.

Es la ciudad eterna donde hay alegría, paz y bondad. Además, hay un rey eterno que ama y gobierna su reino de anfitriones angelicales y personas celestiales con gloria, poder y gracia. Gabriel dijo: "Alicia, Dios ha provisto un lugar eterno donde su pueblo lo alabará y adorará para siempre, y nunca morirán de vejez, ni se enfermarán y morirán. El Rey enjugará sus lágrimas de tristeza y dolor por aquellos que alguna vez conocieron en la tierra".

Al escuchar estas palabras alentadoras, Alicia sintió el valor de permitir que Gabriel la escoltara a la Ciudad Más Hermosa, donde recordó haber encontrado a sus padres la primera vez que soñó en la cabaña cerca del mar azul oscuro mientras estaba en Timberlee.

El Increíble Viaje De Alicia A Puerto Rico

Gabriel era un ángel enorme y majestuoso en el que Alicia confiaba mientras él le agarraba suavemente la mano y la llevaba a través de las Nubes Arcoíris. De alguna manera, me di cuenta de que también me habían dado alas, y ambos volamos hacia esa impresionante ciudad. Allí, más allá, en la distancia, vi el río azul oscuro que fluía debajo de un Puente Dorado. Hay un largo río azul oscuro que lleva agua desde un extremo de los coloridos árboles flamboyanes hasta el borde del horizonte. Eventualmente se extiende hasta una enorme montaña que conduce al centro de esta impresionante, majestuosa y esplendorosa ciudad.

El color de los árboles flamboyanes cerca de la montaña era brillante y colorido. Aunque solo he visto rojos mientras viajaba por Puerto Rico. Estos magníficos árboles parecen cambiar de color. Son verdes, morados, amarillos y azules, lo que me recordó a las lupinas terrenales que florecían en primavera. Además, me asombró ver que todos los árboles flamboyanes producen una gran variedad de frutas de la pasión como mangos, tamarindos, papayas, guayabas, nectarinas y muchas más.

Al entrar en el Puente de Oro que estaba cubierto con doce piedras preciosas, allí, en la distancia, vi otra visión de todo tipo de personas celestiales y anfitriones celestiales. Había un hermoso castillo hecho de oro; sus agujas y ventanas tenían forma y diseño de cruces de una catedral gigantesca. Escuché el sonido melodioso de trompetas mientras las personas celestiales y los anfitriones angelicales se preparaban para inclinarse a adorar a su Rey mientras Él volaba hacia la ciudad en un Caballo Blanco.

Alicia quedó maravillada cuando vio a personas de muchas naciones esperando con anticipación para contemplar la belleza y majestuosidad de su rey cara a cara mientras aplaudían, bailaban y cantaban canciones de alabanza y adoración al Rey de Reyes y Señor de Señores. Llevaba una corona de oro con doce piedras preciosas coloridas. Además, estaba vestido con ropas blancas y moradas; su cabello era lanoso y blanco como la nieve, pero Alicia estaba un poco asustada porque sus ojos eran como un horno ardiente. Gabriel aseguró y consoló a Alicia diciéndole: "¡No temas por su apariencia, Alicia! "Ahora podemos contemplar a nuestro rey cara a cara en toda su gloria, gracia y poder.

El Increíble Viaje De Alicia A Puerto Rico

Nos acercamos mientras volábamos hacia la brillante luz que estaba en medio de La Ciudad Más Hermosa. Todos en esta gloriosa ciudad tenían una habitación especial para vivir en el enorme castillo que flotaba en el aire. Al entrar en la ciudad, las puertas de perlas se abrieron, y salté de alegría y asombro mientras volaba para abrazar a mis padres. Ellos me saludaron y también me abrazaron. En mi sueño sentí una alegría, paz y consuelo abrumadores mientras mis padres compartían su alegría y paz eternas con su Rey, que siempre estará con ellos para siempre.

Estaban orgullosos de mí, porque de alguna manera sabían que amaba a mi mamá, Miss Runfio, y finalmente me desperté para descubrir que mi mamá se había quedado dormida. Sé que está escrito en las palabras del Rey Jesús que algún día volverá a la tierra y llevará a todos los creyentes, aquellos que han fallecido y los que ahora viven en esta tierra, a un lugar especial que he llamado "La Ciudad Más Hermosa".

Viajando por las carreteras bastante pequeñas en nuestro camino de regreso a nuestro R&B, noté que pequeños comerciantes montaban sus tiendas para vender productos como frutas, mariscos, pasteles, comida frita y recuerdos justo antes de los grandes eventos turísticos como las Cuevas.

Chapter 5

July 10, 2023

Dear Justin,

    I miss you dearly, because you were always my best friend at Sanchez Elementary School in New York. I will never forget your trustworthiness and honesty when you never revealed my secret to other boys and girls. We both were inseparable and played many games together. Well, I am writing you this letter, because my mom and I decided to visit Puerto Rico this summer before we start junior high school with Mr. Carruso.

    Yesterday, we spent the entire day in Camuy on a two-hour hiking tour through the caves at Camuy River, which were formed by the waters of the Camuy River. It has a limestone rock estimated to be approximately 45 million years old. The name of this popular tour attraction is called Parque Nacional de las cavernas del Rio Camuy. (National Park for the river caves in Camuy).

    These caves border the three towns of Camuy, Hatillo, and Lares. In order to pass through 9 stations that took us 2 hours, we had to wear special construction hats and wear audio devices to hear all important information being presented by our tour guide. She was a great bilingual tour guide who took a group of 40 inexperienced hikers such as myself to experience the awe and mystery of these caves. Justin, we had to be very careful as we walked cautiously through the dark caves with only our flashlights from our phones as the only source of light. The floors of the cave were damp and slippery, although the guide informed us that it was 100 percent humidity inside the cave.

    The scariest exhibit of all was when she informed us about the 3 types of bats that were lurking inside the crevices high above us. She kept reminding us to not touch the hand rails, which were somehow smeared with bat poop. The entrance and exit to the caves measure 17 stories high with the width and height exceeding 200 x 400 feet. In other words, it measures 215 feet wide and 400 feet in depth. There was a

Alicia's Amazing Trip To Puerto Rico

massive ancient gray rock in the middle of the caves that the tour guide expounded about that was formed by different kinds of rock formations over time.

There was a huge ancient gray rock in the middle of the caves that the tour guide explained that it was made up of white rock crystals. Most of the tourists were middle-aged, teenagers, some small children, and of course those were older adults like my mom, who were blessed to be in good physical condition. If you were over the age of 65, then your admission fee was only $9.00 for this 2-hour expedition. Everyone else was charged the regular rate of $18.00, except for children who entered for $6.90. What an incredible bargain! (What an amazing deal! I can't wait to see you my dear friend. I hope high school brings us much happiness and academic success.

Capitulo 5

10 de julio de 2023

Querido Justin,

Te echo mucho de menos porque siempre fuiste mi mejor amigo en la Escuela Primaria Sánchez en Nueva York. Nunca olvidaré tu confiabilidad y honestidad cuando nunca revelaste mi secreto a otros niños y niñas. Ambos éramos inseparables y jugábamos muchos juegos juntos. Bueno, te estoy escribiendo esta carta porque mi mamá y yo decidimos visitar Puerto Rico este verano antes de comenzar la escuela secundaria con el Sr. Carruso.

Ayer, pasamos todo el día en Camuy en un recorrido de dos horas por las cuevas del río Camuy, que fueron formadas por las aguas del río Camuy, que tiene una roca caliza estimada en aproximadamente 45 millones de años. El nombre de esta popular atracción turística se llama Parque Nacional de las Cavernas del Río Camuy.

Estas cuevas abarcan tres pueblos, Camuy, Hatillo y Lares. Para pasar por 9 estaciones que nos llevaron 2 horas, tuvimos que usar cascos de construcción especiales y dispositivos de audio para escuchar toda la información importante presentada por nuestra guía turística. Ella era una excelente guía turística bilingüe que llevó a un grupo de 40 excursionistas inexpertos como yo a experimentar la admiración y el misterio de estas cuevas. Justin, tuvimos que tener mucho cuidado mientras caminábamos con precaución por las oscuras cuevas con solo nuestras linternas de nuestros teléfonos como única fuente de luz. Los pisos de la cueva estaban húmedos y resbaladizos, aunque la guía nos informó que había un 100 por ciento de humedad dentro de la cueva.

Lo más aterrador de todo fue cuando nos informó sobre los 3 tipos de murciélagos que acechaban dentro de las grietas por encima de nosotros. Nos recordaba constantemente que no tocáramos los pasamanos, que de alguna manera estaban manchados con excrementos de murciélago. La entrada y salida de las cuevas miden 17 pisos de altura con un ancho y altura que excede los 200 x 400 pies. En otras palabras, mide 215 pies de ancho y 400 pies de profundidad. Había una enorme roca gris antigua en medio de las cuevas que la guía turística explicó que estaba formada por los visitantes.

La mayoría de los turistas eran de mediana edad, adolescentes, algunos niños pequeños y, por supuesto, adultos mayores como mi mamá, quienes tuvieron la bendición de estar en buena condición física.

Si tenías más de 65 años, entonces tu tarifa de entrada era solo de $9.00 para esta expedición de 2 horas. Todos los demás tenían que pagar la tarifa regular de $18.00, excepto los niños que ingresaban por $6.90.

¡Qué increíble oferta! No puedo esperar para verte, mi querido amigo. Espero que la escuela secundaria nos traiga mucha felicidad y éxito académico.

Chapter 6

July 11, 2023

Dear Mr. Blair,

 How could I not forget your kindness, empathy, and compassion. You were the awesome teacher who allowed me to share my deepest feelings when you allowed me to journal my thoughts about my secret that had been haunting me for years. Yes, journal writing is and always will be an effective strategy to get anyone to express how he or she really feels. In fact, I really believe that it helps one express his or her social-emotional issues such as stress, anxiety, fear, and depression. It is the best bibliotherapy ever created.

 Do you know where Miss Runfio and I decided to travel this year on our summer vacation? Let me give you a hint! It is an island in the Caribbean Sea called La Isla Del Encanto. If you have not guessed by now, I am in Puerto Rico. Today, we plan to drive to Juan Diego Falls to see the great and spectacular waterfall. We left early in the morning from our R&B in Arecibo, Puerto Rico. If you ever decide to come to Puerto Rico, I advise you never to put your confidence in the GPS, because it would definitely take you up and down the steep mountainous roads to your destination as a short-cut to where you really want to go. When Miss Runfio programmed the GPS, it failed to show us the main route, which would have been Route 111. Although it is a longer drive to your destination, it is the safest route to take. We finally arrived at the Juan Diego Waterfalls. It was spectacular! It is a hidden waterfall in the rainforest, and it is like "tropical magic". Not only one, but 3 cascades make up the Juan Diego Falls. You could even go hiking by the side of El Yunque. We took lots of pictures while being close up to the main waterfall.

 Traveling through the rather small roads on our way back to our R&B, I noticed that small merchants would set-up their tents, in order to sell such goods as fruit, seafood, pastries, fried food, and souvenirs just before the big tourist attraction events such as the Caves of Camuy, El Moro of Old San Juan, Parque De Bombas in Ponce, and the Glowing Fish near Mayagüez.

Mamita and I wanted so badly to stop on the side roads to buy the famous Coco frio. So we finally stopped on a rather rainy day and the merchant was so kind as to greet us in Spanish. Do you know that everywhere that we visited in Puerto Rico, the natives spoke a Spanish dialect that was much different than in the United States. In fact, it was so much faster and the people there assumed that you could speak and comprehend Spanish in the same way they did. When we returned to our R&B the next day, I could hear the daytime sounds of dogs in the hot sun barking, and during the night, there were annoying grillos (crickets) that never stopped chirping during the night.

The next morning, I went to eat breakfast at the Buen Cafe in Hatillo Arecibo. Mamita and I could not wait to sip Coco Frio, because when we bought it, it was warm and the vendor who sold it to us used a hatchet to cut it open from the top. Here is something to know about Puerto Rico in most rural areas: The electricity from time to time powers off; residents in the pueblos put their washers and dryers machines outside on the front or back porches of their houses; there is little or no street lamps for night time driving; and finally there are speed bumps in most of the neighborhoods in each town that we visited; do not rely on the GPS, because it will take you through the steep valleys and hills as a short-cut to the major pueblos throughout Puerto Rico. For instance, we could have taken the major highway to Ponce, but the GPS on our way there gave us only one route, which took us 20 miles up and down the steep valleys and hills in dangerous conditions.

On our way back home on Route 111, which is the main and safest route. While we were driving, I could not wait to taste the Coco Frio that was being cooled in our refrigerator for a few days now. A Puerto Rican girlfriend of my mom told her to buy and taste Coco Frio before leaving the island. While sunbathing on one of the beautiful beaches located in Hatillo, I actually saw huge coconuts on top of the 50 feet palm trees behind me. They looked just like the one that we had purchased. My mom said, "There is delicious coconut juice contained in the brown hairy shell of all coconuts."

Alicia's Amazing Trip To Puerto Rico

Mr. Blair, I will never forget how you made me the happiest girl in the whole wide world when you came up with the ingenious idea of having us make creative buckets. The positive notes were a game maker when you had us encourage each other with words of admiration and praise. I love the book, entitled, "Have you filled my bucket?" I never forget that as human beings we all have an invisible bucket that we have the choice either to build up with words of affirmation, or tear down or destroy with unkind and negative words.

I am feeling quite sad today since we have only a few days left. My mom wanted to go to Arecibo Lighthouse National Park. So, we got up in the early morning to go to this national park that was filled with information about the history and culture of the Taino Indians and African slaves that were forced to come to Puerto Rico during the slave trade. Did you know that there were pirates who hid their treasures on the island? This park had so many attractions for visitors and tourists.

The night before our departure to the United States, we finally tasted the Coco Frio that had been cooling for 2 days in the refrigerator. It had a great coconut flavor, but there was not a lot of coconut juice. We both had about 5 short sips and it was all gone. Tomorrow, we will take out the rest of the coconut to get the creamy white Coco Blanco that is inside this huge coconut.

The next morning, I woke-up to discover that our R&B, apparently had a broken water line in the bathroom, under the sink. I woke up in the early morning and in my trepidation, water was gushing in all over the floors of our apartment. In my trepidation, I yelled and screamed to tell my mom to wake-up because there is an emergency diluvio (flood) in the apartment.

She quickly woke up to call Olga, the landlord to notify her of the emergency. There was no way to shut off the water line from the bathroom, so she shut off the main water- line from outside the apartment. Olga and her husband, Ignacio brought over a small mop and bucket with a squeezy to dry up most of the water. Their son, Hector came over to repair the busted hose by buying a new one at Home Depot.

Alicia's Amazing Trip To Puerto Rico

Life is good, even if bad things happen to us, our faith is being tested by God, and His Word declares in Romans 8: 28 "That all things work together for the good for those who love the Lord and who are called according to His purpose." I am so glad that during our fiasco, no one got upset or angry. We all came together as a productive and positive team.

We thanked and praised the Lord for traveling mercies over the highways, by-ways, and for taking us through the dangers seen and unseen throughout our 8 days of lodging and traveling throughout Puerto Rico. Also, I want to thank Him for the air conditioner and fan that never failed. This trip has been the most beautiful of all despite the extreme hot heat and humidity. The many beaches, tropical rainforests, mountains, flamboyant and palm trees, hundreds of species of plants, flowers, animals, insects, and people were a delightful, interesting, and joyful experience for me and my mom.

Capítulo 6

11 de julio de 2023

Estimado Sr. Blair,

¿Cómo podría olvidar su amabilidad, empatía y compasión? Usted fue el profesor increíble que me permitió compartir mis sentimientos más profundos cuando me permitió escribir en mi diario mis pensamientos sobre mi secreto que me ha estado persiguiendo durante años. Sí, escribir en el diario es y siempre será una estrategia efectiva para hacer que alguien exprese cómo se siente realmente. De hecho, realmente creo que ayuda a expresar los problemas socioemocionales como el estrés, la ansiedad, el miedo y la depresión. Es la mejor biblioterapia que se haya creado.

¿Sabes a dónde decidimos viajar Miss Runfio y yo este año en mis vacaciones de verano? ¡Déjame darte una pista! Es una isla en el Mar Caribe llamada La Isla Del Encanto. Si no lo has adivinado aún, estoy en Puerto Rico. Hoy planeamos conducir hasta las Cataratas de Juan Diego para ver la gran y espectacular cascada. Salimos temprano en la mañana desde nuestro R&B en Arecibo, Puerto Rico. Si alguna vez decides venir a Puerto Rico, te aconsejo que no confíes en el GPS, porque definitivamente te llevaría por las empinadas carreteras montañosas hacia tu destino como un atajo hacia donde quieres ir. Cuando Miss Runfio programó el GPS al comenzar nuestro viaje, no nos mostró la ruta principal, que habría sido la Ruta 111. Aunque es un trayecto más largo hacia tu destino, es la ruta más segura para tomar. Finalmente llegamos a las Cataratas de Juan Diego. ¡Fue espectacular! Es una cascada escondida en la selva tropical, es como magia tropical. No solo una, sino 3 cascadas forman las Cataratas de Juan Diego. Incluso puedes hacer senderismo junto a El Yunque. Tomamos muchas fotos mientras estábamos cerca de la cascada principal.

Viajando por las carreteras bastante pequeñas de regreso a nuestro R&B, noté que los pequeños comerciantes montarían sus puestos para vender productos como frutas, mariscos, pasteles, comida frita y recuerdos justo antes de los grandes eventos turísticos como las Cuevas de Camuy, El Morro de Viejo San Juan, el Parque de Bombas en Ponce y los peces luminosos cerca de Mayagüez.

Mamita y yo queríamos tanto detenernos en los caminos secundarios para comprar el famoso Coco frío. Así que finalmente nos detuvimos en un día bastante lluvioso y el comerciante fue tan amable de saludarnos en español. ¿Sabes que en todas partes que visitamos en Puerto Rico, la gente hablaba un dialecto español que era muy diferente en los Estados Unidos? De hecho, era mucho más rápido y la gente allí asumía que podías hablar y comprender el español de la misma manera que ellos. Cuando regresamos a nuestro R&B por la noche, pude escuchar los sonidos de los perros aparcado bajo el sol caliente ladrando y durante la noche, habían grillos que no nos dejaban dormir.

A la mañana siguiente fui a desayunar al Buen Café en Hatillo Arecibo. Mamita y yo no podíamos esperar para tomar Coco frío, porque cuando lo compramos estaba caliente y el vendedor que nos lo vendió lo abrió con un hacha desde arriba. Aquí hay algo que debes saber sobre Puerto Rico: la electricidad de vez en cuando se corta; los residentes en los pueblos sacan sus lavadoras y secadoras afuera en los porches delanteros o traseros de sus casas; hay poca o ninguna farola para conducir de noche, y finalmente hay topes en la mayoría de los barrios que visitamos; no confíes en el GPS, porque te llevará por los valles y colinas empinadas como un atajo a los principales pueblos de Puerto Rico. Por ejemplo, podríamos haber tomado la carretera principal hacia Ponce, pero el GPS en nuestro camino allí nos dio solo una ruta, que era de 20 millas arriba y abajo de los valles y colinas empinadas por aproximadamente 1,000 pies de elevación.

En nuestro camino de regreso a casa por la Ruta 111, que es la ruta principal y más segura. Mientras conducíamos, no podía esperar a probar el Coco frío que había estado enfriándose en nuestro refrigerador durante unos días. Una amiga puertorriqueña de mi mamá le dijo que comprara y probara Coco frío antes de salir de la isla. Mientras tomaba el sol en una de las hermosas playas ubicadas en Hatillo, realmente vi enormes cocos en la parte superior de las palmeras de 50 pies detrás de mí. Se veían igual que el que habíamos comprado. Verás, el delicioso jugo de coco está justo dentro de estos.

Sr. Blair, nunca olvidaré cómo me hiciste la chica más feliz del mundo cuando se te ocurrió la ingeniosa idea de hacernos hacer cubos creativos. Las notas positivas fueron un factor importante cuando nos animaste a elogiarnos mutuamente con palabras de admiración y elogio. Me encanta el libro titulado "¿Has llenado mi cubo?". Nunca olvidaré que como seres humanos todos tenemos un cubo invisible que tenemos la opción de construir con palabras de afirmación, o destruir con palabras poco amables y negativas.

Me siento bastante triste hoy ya que solo nos quedan unos pocos días. Mi mamá quería ir al Parque Nacional del Faro de Arecibo. Así que nos levantamos temprano en la mañana para ir a este parque nacional que estaba lleno de información sobre la historia y cultura de los indios taínos y los esclavos africanos que fueron obligados a venir a Puerto Rico durante el comercio de esclavos en la época 1600. ¿Sabías que había piratas que escondían sus tesoros en la isla? Este parque tenía tantas atracciones para visitantes y turistas.

La noche antes de nuestra partida a Estados Unidos, finalmente probamos el Coco frío que había estado enfriándose durante 2 días en el refrigerador. Tenía un gran sabor a coco, pero no había mucho jugo de coco. Ambos tomamos alrededor de 5 sorbos cortos y se acabó. Mañana, sacaremos el resto del coco para obtener el cremoso Coco Blanco.

Chapter 7

July 12, 2023

Dear Mom,

    You are the best mom in the whole wide world. Thank you so much for taking me on my summer vacation to Puerto Rico. We had an awesome time touring the entire Island starting in Old San Juan and traveling all the west to Mayagüez. This wonderful experience taught me to always do something to make the world better and more beautiful. Although Puerto Rico suffered a great devastation with the destruction of Hurricane Maria during the Coronavirus epidemic in 2018, it was able to slowly recover from this natural disaster. Also, the economy suffers from inflation, poor housing and development, and unemployment. Tourism and the mere fact that Islanders are helping each other in time if poverty is the only way the island can truly make a complete recovery.

    I would be remiss if I didn't mention the great acts of kindness from Olga, Hector, and Ignacio who all helped make our trip worthwhile. I will surely miss the flamboyant trees, and the consistent chirping of the coqui frogs during the night. Also, I will really miss El Moro, Paqrue De Bombas, Caves of Camuy, San Sebastian's Waterfalls, Camuy National Park, the rainforests in the towns of Mayagüez and Isabela, restaurants and beaches, and many other wonderful attractions throughout Puerto Rico.

    On the day before our departure, Miss Runfio thought that it would be a good idea to go to the cinema that was located a few minutes from Arecibo. The movie was called Insidious, The Red Door, which was in English with Spanish subtitles. Before seeing this movie for the first time in Puerto Rico. I felt hungry so Miss Runfio searched for a good place in Arecibo. It is called La Güira, and it has specialty dishes that are mouthwatering. I ate a plate of Churrasco steak, tostones, and the most delicious rice called mamaposteao. Our server is Paula and she's so nice to write down the name of the best specialty rice that I have ever tasted. My mom ordered a plate of carne frita (fried pork) with rooted mashed vegetables. ¡Qué sabroso! (How delicious)!

Capítulo 7

12 de julio de 2023

Querida Mamá,

Eres la mejor madre del mundo entero. Muchas gracias por llevarme en mis vacaciones de verano a Puerto Rico. Nos divertimos mucho recorriendo toda la isla, desde el Viejo San Juan hasta Mayagüez en el oeste. Esta maravillosa experiencia me enseñó a siempre hacer algo para mejorar y embellecer el mundo. Aunque Puerto Rico sufrió una gran devastación con la destrucción del Huracán María y la epidemia de Coronavirus 2018, logró recuperarse lentamente de estos desastres naturales. Además, la economía sufre de inflación, vivienda y desarrollo deficientes, y desempleo. El turismo y el simple hecho de que los isleños se ayuden mutuamente en tiempos de pobreza son la única forma en que la isla puede realmente recuperarse por completo. Sería negligente si no mencionara los grandes actos de bondad de Olga, Héctor e Ignacio, quienes ayudaron a que nuestro viaje valiera la pena.

Seguro extrañaré los flamboyanes, el constante canto del coquí, El Morro, el Parque de Bombas, las Cuevas de Camuy, el Parque Nacional de Camuy, los bosques tropicales en los pueblos de Mayagüez e Isabela, muchos restaurantes y playas, y muchas más maravillas.

El día antes de nuestra partida, la señorita Runfio pensó que sería una buena idea ir al cine, que estaba ubicado a pocos minutos de Arecibo. La película se llamaba *Insidious: La Puerta Roja*, que estaba en inglés con subtítulos en español. Antes de ver esta película por primera vez en Puerto Rico, tenía hambre, así que la señorita Runfio buscó un buen lugar en Arecibo. Se llama La Güira y tiene platos especiales que son deliciosos. Comí un plato de churrasco, tostones y el arroz más delicioso llamado mamposteado. Nuestra camarera es Paula y es muy amable por escribir el nombre del mejor arroz especial que he probado. Mi mamá ordenó un plato de carne frita con vegetales machacados enraizados. ¡Qué sabroso!

Chapter 8

July 13, 2023

Dear Friends,

Today is our last day in Puerto Rico. Our plane departs from Luis Muñoz Marin International Airport in Old San Juan and arrives to New York City at 2:00 p.m. at Gate B. However, we must drop our rental car off first before going to the airport. I hope and pray that there are no delays or cancellations. My mom and I had made a once in a lifetime trip to Puerto Rico. Before boarding our flight back to New York City, we had to drop-off the car at Priceless Rental. Then, we took a shuttle bus to the airport.

Anyone who goes to Puerto will have to pay all kinds of hidden taxes. Also, at the airport, we were charged an additional $130.00 for overnight luggage. For instance, my mom's luggage was 15 lbs. overweight, so she had to pay an additional $80.00, and I had to pay an additional $46.00 for being only 5 lbs. overweight. The people were really genial and respectful. Next year, I am wondering if I should take another trip to a faraway place such as Spain, Jamaica, or Canada. I can't wait to show my classmates all the wonderful pictures and souvenirs that I brought back from Puerto Rico.

We brought back so many memorabilia such as Puerto Rican t-shirts, scarfs, flags, hats, and many other souvenirs from Old San Juan, Arecibo, Mayagüez, Ponce, Cabo Rojo, and Isabela. We experience a great feeling of adventure and suspense as we traveled through Bayamon, Lares, San German, Florida, and Carolina. If I ever return to Puerto Rico, I plan to visit El Yunque, which was one of the tropical rainforests that my mom and I did not visit.

We finally arrived at New York's Guardia Airport at about 6:30. It was a fantastic flight with not too much turbulence from the intermittent weather thunderstorms in the area.

Alicia's Amazing Trip To Puerto Rico

Traveling to Puerto Rico was one of my goals before graduating from junior high. While I was leaving Puerto Rico, I was informed on Facebook that my best friend, Justin had just arrived with his parents to Puerto Rico. Wow! I was flabbergasted when he texted me that he was flying here. I will surely contact him to let him know about many of the places that my mom had visited. Justin must try to practice his Spanish, because of how fast the natives speak it. There is a lot of slang used in the streets. I happened to notice a theater sign that read ""Pa aqui" o" pa llevar", which should have been written "Para aquii or para llevar," The English translation for this jingo is "Do you want to eat it here? or do you want carry-out?"

This Amazing trip was a learning experience for me and my mom. Next year, we plan to return again, and hopefully, we will stay where most of the tourists stay, that is to say in Old San Juan. My mom really enjoyed this trip, also as she remembered her dad telling her, "You must always do something better and different to make the world a better place."

Capítulo 8

13 de julio de 2023

Queridos amigos,

Hoy es nuestro último día en Puerto Rico. Nuestro avión sale desde el Aeropuerto Internacional Luis Muñoz Marín en el Viejo San Juan y llega a New York a las 2:00 p.m. en la Puerta B. Sin embargo, primero debemos dejar nuestro coche de alquiler antes de ir al aeropuerto. Espero y rezo para que no haya retrasos ni cancelaciones. Mi mamá y yo tuvimos un viaje único en la vida a Puerto Rico. Antes de abordar nuestro vuelo de regreso a Nueva York, tuvimos que dejar el coche en Priceless Rental. Luego, tomamos un autobús lanzadera al aeropuerto.

Cualquiera que vaya a Puerto Rico tendrá que pagar todo tipo de impuestos ocultos, incluso en el aeropuerto, nos cobraron $130.00 adicionales por equipaje de noche. Por ejemplo, el equipaje de mi mamá tenía un exceso de peso de 15 libras, así que tuvo que pagar $80.00 adicionales, y yo tuve que pagar $46.00 adicionales por tener solo 5 libras de exceso de peso. La gente fue realmente amable y respetuosa. El próximo año, me pregunto si debería hacer otro viaje a un lugar lejano como España, Jamaica o Canadá. No puedo esperar para mostrarle a mis compañeros de clase todas las maravillosas fotos y souvenirs que traje de Puerto Rico. Trajimos tantos recuerdos como camisetas, bufandas, banderas, sombreros y muchos otros recuerdos Puertorriqueños de Viejo San Juan, Arecibo, Mayagüez, Ponce, Cabo Rojo e Isabela, y fue una gran sensación de aventura pasar por Bayamón, Lares, San Germán, Florida y Carolina. Si alguna vez regreso a Puerto Rico, planeo visitar El Yunque, que fue uno de los bosques tropicales que mi mamá y yo no visitamos.

Finalmente llegamos al Aeropuerto de La Guardia en Nueva York alrededor de las 6:30. Fue un vuelo fantástico con no demasiada turbulencia por posibles tormentas eléctricas.

El Increíble Viaje De Alicia A Puerto Rico

    Viajar a Puerto Rico fue uno de mis objetivos antes de graduarme de la escuela secundaria. Mientras dejaba Puerto Rico, me informaron en Facebook que mi mejor amigo, Justin, acababa de llegar con sus padres. ¡Vaya! Me quedé asombrada cuando me envió un mensaje de texto diciendo que estaba volando a Puerto Rico. Seguramente lo contactaré para contarle muchos de los lugares que visité. Él debe intentar practicar su español, porque fue muy difícil mantenerse al día con lo rápido que hablan los nativos. Hay mucha jerga usado en las calles. Me di cuenta mientras estaba en el teatro mirando un letrero que decía ""Pa aquí o pa llevar", que debería haber sido escrito "Para aquí o para llevar". La traducción al inglés de este dicho es "¿Quieres comer aquí? o ¿Quieres llevarlo?".

    Este increíble viaje fue una experiencia de aprendizaje para mí y mi mamá. El próximo año, planeamos regresar de nuevo, y con suerte, nos quedaremos donde la mayoría de los turistas se alojan, es decir, en el Viejo San Juan. A mi mamá realmente le gustó este viaje, también porque recordó a su papá diciéndole: "Siempre debes hacer algo mejor y diferente para hacer del mundo un lugar mejor".

About the Book

Amidst the tropical allure of Puerto Rico known as La Isla del Encanto, a mother and daughter embark on a once in a lifetime, transformative summer vacation, seeking both adventure and bonding. From the vibrant streets of Old San Juan to the tranquil beaches covered with palm and flamboyant trees, they explore the island's rich culture and natural beauty. Their journey became a cherished memory, reinforcing the connection to The Most Beautiful City, and leaving them inspired by the island's spirit of resilience, mystery, and joy.

Acerca del libro

En medio del encanto tropical de Puerto Rico conocido como La Isla del Encanto, una madre y su hija se embarcan en unas vacaciones de verano transformadoras, únicas en la vida, en busca de aventuras y vínculos afectivos. Desde las vibrantes calles del Viejo San Juan hasta las tranquilas playas cubiertas de palmeras y árboles extravagantes, exploran la rica cultura y la belleza natural de la isla. Su viaje se convirtió en un recuerdo preciado, lo que reforzó la conexión con La Ciudad Más Hermosa y los dejó inspirados por el espíritu de resiliencia, misterio y alegría de la isla.

About the Author

Walter has been an elementary and secondary Bilingual / Spanish Teacher for over 30 years for the Chicago Public Schools District 299, Evergreen Park School District 124, Joliet Public School District 186, Oswego School District 308, and Sandridge School District 172. He holds a Bachelor of Science degree in secondary Spanish education from Illinois State University. Also, he has earned two Masters of Science and Arts degrees in Bilingual Education and in School Leadership with a Type 75 Administrative Certificate. He is the author of 4 published books: Between Two Worlds, 2005, Trust No Man, 2011, La Bellisima Ciudad (The Most Beautiful City), (2017-2021), and his most recent children's book, Alicia's Amazing Trip to Puerto Rico, 2024.

Walter has always felt the passion to write, whenever he is motivated and encouraged to tell a story in unusual and extreme circumstances. He has used Daily Journal Writing as an effective tool for meeting the social-emotional needs of all learners he has taught.

During his leisure and free times, he enjoys traveling with his wife, Marge on getaways to exotic places. Walter is an avid fan of the Chicago Cubs and Bears sport teams. He is committed to attending Church and Bible Study on Sundays, and one of his favorite proverbs is "We must all do something different to make the world better and more beautiful."

Acerca del Autor

Walter ha sido maestro bilingüe y de español en primaria y secundaria durante más de treinta años para el Distrito Escolar 299 de Chicago, el Distrito Escolar 124 de Evergreen Park, el Distrito Escolar 308 de Oswego y el Distrito Escolar 172 de Sandridge. Tiene una licenciatura en primaria y secundaria español de Illinois State University. Además, ha obtenido dos maestrías en Educación Bilingüe y en Liderazgo Escolar con Certificado Administrativo Tipo 75. Es autor de cuatro libros publicados por AuthorHouse, Workbook Press y Quippy Quill Publishing Companies: Between Two Worlds (2005), Trust No Man (2011) y La Bellissima Ciudad y The Most Beautiful City (2017-2021), y su más reciente libro infantil, El Increíble Viaje de Alicia a Puerto Rico, Chronicle Books, 2024.

El maestro Blair siempre se ha sentido inspirado a escribir su propio libro para niños. Además, ha tenido la compasión de escribir siempre que se siente motivado y alentado a contar una historia en circunstancias inusuales y "extremas". Durante toda su carrera docente ha utilizado la estrategia del Daily Journal Writing como una herramienta eficaz para satisfacer las necesidades sociales y emocionales de todos los alumnos a los que ha enseñado.

Durante sus tiempo de ocio y tiempo libre, le gusta viajar con su esposa, Marg, de escapada, ver los equipos deportivos de los Chicago Cubs y Bears, dirigir seminarios y talleres, asistir a estudios de la Iglesia y de la Biblia y, por último, pero no menos importante, compartir las "Buenas Nuevas" del Evangelio como ministro proactivo de las Asambleas Pentecostales del Mundo. Walter es un gran creyente y hacedor de un viejo proverbio que dice "Todos debemos hacer algo diferente para hacer el mundo mejor y más hermoso."

www.ingramcontent.com/pod-product-compliance
Lightning Source LLC
LaVergne TN
LVHW022000060526
838201LV00048B/1639